快乐小学生校园成长记 **彩绘注音版**

一套让孩子快乐成长的正能量读本

学习其实很快乐

金 弦 主编

知识出版社

Knowledge Publishing House

前言

　　家长们时常困惑，不知道应该让孩子看什么书。他们希望自己的孩子爱读书，却不知道如何为孩子选合适的书，如何引导孩子爱上阅读。

　　故事，所有人都喜欢读，尤其是孩子。故事是打开世界的一扇门，可以让人们了解大千世界，懂得做人的基本准则。故事也是生动的、亲切的，不会让阅读者抵触，可以开拓人的思维，能以润物细无声的方式影响到读故事的人。

　　我们每个人都经历过儿童这个阶段，有相似的成长经历。我们会从读故事的孩子身上看到自己曾经的影子。如果把成长比作登山，攀爬的过程艰辛而漫长。我们想做的就是，坦诚告诉孩子，这座山恰好我也爬过。哪里有路？哪里荆棘丛生？我们或许可以提供一些宝贵的经验，来帮助他们少走弯路。

　　因此，我们编著了"快乐小学生校园成长记"系列丛书。

　　"快乐小学生校园成长记"系列丛书共十册，全部由古今中外的经典小故事组成。我们对这些小故事进行分类、编排和改写，共分成了十个主题。这十个主题以提高孩子的情

商、逆商、德商为出发点，针对孩子在成长过程中遇到的自卑、焦虑、敏感、骄纵等一系列问题，让孩子通过阅读学会接纳自我，学会平静面对当下，并让孩子理解烦恼也许永远无止境，但成长也无止境。书中的每一个故事都温暖人心，能满足孩子内心的情感需求。我们也希望孩子在读完每一个故事之后，会主动思考，并去查阅资料，了解故事中的人物。我们不仅希望孩子从故事中获得人生启迪，还希望他们能了解故事发生时的历史文化和时代背景，开拓他们的阅读视野。

本系列图书全文加注拼音，适合孩子自主阅读。通过这些充满力量的故事，让孩子们去用心体会和发现我们所生活的这个世界中的真善美，帮助他们建立正确的人生观和世界观。

此外，我们还在内文中优美的句子下用彩色波浪线标注，在好的词语后参照字典进行注释，不仅可以帮助孩子自主无障碍地阅读，而且也能提升孩子的写作能力。

最后，在每一篇故事的后面，我们都做了一段简短的阅读分享，来陪伴孩子阅读，共同感受故事的魅力。

希望这些积极向上、充满正能量的故事，能带给孩子启发，并为孩子们创造美好的未来奠定坚实的基础。

编 者

2018.3

目录 Contents

在牛背上读书的李密⋯⋯⋯ 001

吕蒙读书的故事⋯⋯⋯⋯ 005

汤姆森的比赛⋯⋯⋯⋯⋯ 010

丢石头的游戏⋯⋯⋯⋯⋯ 016

沙漠里的"生命之源"⋯⋯ 020

被三次扔掉画笔的画家⋯⋯ 024

用心创作的文学家⋯⋯⋯ 031

勤奋实现梦想⋯⋯⋯⋯⋯ 036

画家和小老鼠⋯⋯⋯⋯⋯ 041

尊重知识⋯⋯⋯⋯⋯⋯⋯ 045

学习其实很快乐⋯⋯⋯⋯ 049

摩西奶奶的爱好⋯⋯⋯⋯ 053

没有卷叶的画作⋯⋯⋯⋯ 058

兴趣是最好的老师⋯⋯⋯ 062

陶渊明的学习之道⋯⋯⋯ 067

有恒心的唐卡⋯⋯⋯⋯⋯ 072

家访发现的苦恼⋯⋯⋯⋯ 077

穿越沙漠的困难⋯⋯⋯⋯ 082

卡尔斯的比萨⋯⋯⋯⋯⋯ 086

坚硬的木结⋯⋯⋯⋯⋯⋯ 090

奥尔森的榜样⋯⋯⋯⋯⋯ 094

麦克的生命之水⋯⋯⋯⋯ 099

爱读书的孙康⋯⋯⋯⋯⋯ 104

在牛背上读书的李密

李密出身贵族，但后来父亲去世，家道中落，小小年纪便在皇宫里当了侍卫。

因为年纪小，心性不定，李密当值时总喜欢东张西望。这天，他被一只漂亮的小鸟吸引了注意力，目光随着小鸟转，脑袋也随着小鸟的动作不停摆动，还不时笑出声来。

不巧，路过的隋炀帝看见了这一幕，很不满，命人把李密遣送回家。

　　李密失去了侍卫的职位，心里非常难过。一位从前与他父亲交好的官员对他说："你的父辈因饱读诗书获得功名，从而让家族兴旺起来。如今，重振家族的重任落到了你的身上，你不应该因为失去一个小小的侍卫之职而颓废，而要抓紧时间读书学习，成就一番大事业！"

　　这番话给了李密极大的鼓励，他开始发奋读书，钻研学问。人们很少在外面看到他，还以为他受了打击，不愿意再出门了。

　　有一天，李密要去拜访他的老师包恺，因为路途遥远，他骑着黄牛出门了。人们看到他时，都大吃一惊。原来李密在牛角上挂了一本厚厚的《汉

书》（中国第一部纪传体断代史），他坐在
牛背上，一只手牵着牛绳，一只手翻
着书，抓紧一分一秒专心读书。人们
不禁纷纷赞叹李密用功读书的精神。

后来，牛角挂书的李密真正地
成长为一名有勇有谋、天下闻名的
英雄人物。

做幸福的读书人

书籍是人类进步的阶梯，读书是人类提升自己能力水平、丰富自己精神世界最有效的途径。书籍是点缀心灵的美丽鲜花——诗歌让人感性，小说让人富有想象力，历史书籍让人睿智，科学书籍让人理性。爱读书的人是幸福的，读书能构建一个丰富、充实、美丽、多元的精神世界，也能让我们更好地认识现实世界。

lǚ méng dú shū de gù shi
吕蒙读书的故事

lǚ méng shì sān guó shí qī wú guó de dà jiāng jūn
吕蒙是三国时期吴国的大将军。

tā dǎ zhàng shí shí fēn yǒng měng wèi wú guó lì xià le hàn
他打仗时十分勇猛，为吴国立下了汗

mǎ gōng láo dàn shì lǚ méng yǒu gè quē diǎn bù ài
马功劳。但是吕蒙有个缺点——不爱

dú shū yīn cǐ hái cháng cháng bèi rén cháo xiào wéi yī jiè
读书，因此还常常被人嘲笑为"一介

mǎng fū
莽夫"。

sūn quán shí fēn xǐ huan zhè míng dé lì de jiàng lǐng
孙权十分喜欢这名得力的将领，

shí cháng quàn lǚ méng shuō lǚ méng a nǐ xiàn zài zài
时常劝吕蒙说："吕蒙啊，你现在在

zhè me zhòng yào de zhí wèi shang zěn me néng bù
这么重要的职位上，怎么能不

duō dú shū duō xué xí ne
多读书、多学习呢？"

lǚ méng wéi nán de
吕蒙为难地

挠了挠头，回答说："主公，你看看，我每天的事情那么多，哪里有时间读书哇！我只管在战场上打胜仗就行了，读书对我没什么意义啊！"

孙权摇了摇头，说："吕蒙，你这就错了。不要为自己的不读书找借口。我作为一国之主，事情应该比你多吧，可我从来不耽误读书学习这件事。我让你读书，是希望你能开拓视野，增长自己的智慧和见识。要知道，一个有头脑的将军，比一个没头脑的将军，在战场上发挥的作用大多了。"

吕蒙虽然不太聪明，却十分虚心，他听从孙权的劝告，从繁忙的工作中挤出时间来读书。他读了很多史

shū hé bīng shū　　dà kāi yǎn jiè　　hái bǎ cóng shū běn shang
书和兵书，大开眼界，还把从书本上

xué dào de zhì huì yòng dào zhàn chǎng shang　　lì xià le gèng duō
学到的智慧用到战场上，立下了更多

zhàn gōng
战功。

　　　yǒu yī cì　　sūn quán shēn biān de dà chén lǔ sù jiàn
　　有一次，孙权身边的大臣鲁肃见

le lǔ méng　　dà chī yī jīng　　wèn dào　　　lǔ méng　　jīn
了吕蒙，大吃一惊，问道："吕蒙，今

tiān nǐ de tán tǔ　　jiàn shi hé nǐ biǎo xiàn chū lái de cái
天你的谈吐、见识和你表现出来的才

gàn　　gēn dāng nián wú dì nà ge méi yǒu wén huà　　méi yǒu
干，跟当年吴地那个没有文化、没有

xué shí de lǔ méng wán quán bù yī yàng le ya
学识的吕蒙完全不一样了呀！"

lǚ méng xiào zhe huí dá　　rén fēn bié sān tiān hòu
吕蒙笑着回答："人分别三天后，

jiù yīng gāi duì tā guā mù xiāng kàn
就应该对他刮目相看（别人已有进步，不能

nín wèi shén me dào xiàn zài cái gǎi
用老眼光去看他）。您为什么到现在才改

biàn duì wǒ de kàn fǎ ne　　lǔ sù tīng le zhè huà fēi
变对我的看法呢？"鲁肃听了这话非

cháng pèi fú　　yǔ lǚ méng chéng le péng you
常佩服，与吕蒙成了朋友。

腹有诗书气自华

从吕蒙读书的故事中我们可以清楚地知道，知识能帮助我们成长，知识能让我们变成更好的人，知识能改变别人对我们的看法和评价。它让我们变得聪明，从而轻松解决各种问题；它让我们变得豁达，从而更有耐心地去处理麻烦。它让我们拥有幸福，因为它是改变我们人生的力量源泉；它让我们获得认可和尊重，因为它让我们变得成熟和睿智。

tāng mǔ sēn de bǐ sài
汤姆森的比赛

tāng mǔ sēn shì
汤姆森是
yī míng yóu yǒng yùn
一名游泳运
dòng yuán， tā de shí
动员，他的实
lì hěn qiáng， jiào liàn
力很强，教练
fēi cháng kàn hǎo tā。
非常看好他。
zài tā dì yī cì cān
在他第一次参
jiā quán guó qīng nián yóu
加全国青年游

yǒng bǐ sài de shí hou， hěn duō rén bǎ tā kàn chéng shì zì
泳比赛的时候，很多人把他看成是自
yóu yǒng bǐ sài duó guàn de rè mén rén xuǎn zhī yī， dàn zài
由泳比赛夺冠的热门人选之一。但在
yù sài shí， tā yīn wèi fā huī shī cháng， cuò shī le qián
预赛时，他因为发挥失常，错失了前
liǎng míng de wèi zhì， jīng xiǎn de yǐ zuì hòu yī míng de chéng
两名的位置，惊险地以最后一名的成
jì jìn rù le bàn jué sài
绩进入了半决赛。

汤姆森对自己的失误耿耿于怀，教练看出了他的问题，劝解他说："汤姆森，我知道你第一次比赛有很大的心理压力，但没有关系，我们还有半决赛和决赛。你必须明白，不要让预赛的失误影响你下一次的比赛。"汤姆森心不在焉地点点头。

半决赛的时候，汤姆森还在想着预赛的失败，连起跳都比其他人晚了

一秒。就是因为这一秒钟的时间，他再次拿到了第三名的成绩。

汤姆森感到挫败与茫然，第一次失败是他缺少经验、过于紧张，可第二次为什么还是失误了呢？

汤姆森的教练再次走到他面前说道："汤姆森，你太在意上一次的失败

了，这会影响你在下一次比赛中的发挥。人不应该被过去的失败困住，你要相信你未来一定可以成功。"

"可是，教练，来参加比赛之前，我是实力最强的选手之一。正式开始比赛后，我却接连失败了两次。虽然进入了决赛，可我已经失去了信心，我甚至想放弃比赛。"汤姆森垂头丧气（形容因失败或不顺利而情绪低落）地说道。

"不，我的孩子，你是要学会放弃，但不是放弃你的比赛。因为比赛是你来到这里必须完成的目标，不仅是你的，还是我们整个队伍的目标。你真正需要放弃的，是前两次失败对你的影响。"教练用力地拍了拍汤

姆森的肩膀，给予他更多的鼓励，"要相信自己，汤姆森，不要太在意过去的失败。抛开那些杂念，专心准备下一次的比赛。"

汤姆森的眼睛恢复了神采："教练，我明白您的意思了。我要放弃的是前两次失败对我的影响，专心准备决赛。"

汤姆森放下了心中的包袱，在最后的自由泳决赛中，发挥出了自己最好的水平，终于夺得了他人生中的第一枚游泳金牌。

学会放弃，也是一种前进

很多时候，我们都强调坚持的重要性。但在恰当的时候学会放弃，也是一种哲学。放弃并不是要我们半途而废，而是要学会审时度势，根据实际形势做出正确的判断。汤姆森连续失败了两次，如果他不能及时放下前两次失败对他的影响，那么金牌便与他无缘了。

丢石头的游戏

diū shí tou de yóu xì

从前，有位镇长去村庄视察，他在路边发现了一个无人管理的臭泥塘，村民们每次路过都绕得远远的，外出非常不方便。镇长决定帮助村民们治理好这个臭泥塘，可是镇上的经费有限，他想了很久也没想到什么好办法，直到他的儿子米克知道了他的烦恼。

米克信心十足地对爸爸说："爸爸，您先给我买两袋苹果，我将让您看到解决臭泥塘问题的好办法。"

镇长不太相信10岁的米克能够解

决这个问题，但他不想打击儿子的积极性，于是掏钱给米克买来了两大袋苹果。

米克拿到苹果后，便来到了那个有臭泥塘的小村庄，他在臭泥塘的一侧立了一块木板，上面用醒目的大字写着："隔着泥塘用石头或砖块打中木板一次，可得到苹果一个。"做好这些准备后，米克又特意跑去村庄里大力宣传。

人们都觉得十分新奇，纷纷跑去尝试。他们来到臭泥塘旁边，你丢一块石头，我扔一个砖块，**兴致勃勃**（形容兴头很足）地玩着游戏。一传十，十传百，邻村的人听到消息，也跑来凑热闹。就这样，游戏持续了一段时间。虽然偶尔有石头或砖块打中木板，但大多都落进了泥塘里。当米克奖励完两大袋苹果后，臭泥塘已经被人们丢的石头和砖块填平了。

镇长看到为难了自己那么久的问题，被儿子用两袋苹果完美地解决了，高兴地感叹道："还是年轻人有想法呀！"

敢于突破固有思维

　　每一个问题都有相对应的解决方法，而解决问题的办法并非只有一个，也并非一成不变。有时只需要转换一下思路，改变一个角度，问题很可能就会迎刃而解。

　　转换思路需要我们敢于突破固有思维的束缚，跳出常规，勇于尝试，用新状态、新方法、新行动去面对问题，解决问题，从而取得意想不到的效果。就像故事里的米克，他敢想敢做，另辟蹊径，帮爸爸解决了大难题。

沙漠里的"生命之源"

有一支在沙漠里探险的队伍，他们不幸遭遇了沙尘暴，失去了携带的食物、指南针和水，被困在了荒芜、干燥、炎热的沙漠里。

所有人都感到绝望，没有食物他们还可以撑上几天，但是一滴水也没有，他们能支撑多久呢？就在这时，队长拿出了一个挂在他身上的水壶，他摇晃了一下水壶，让队员们听一听壶里的响声。

队长告诉队员们："我们绝

对不会死，因为上帝还给我们留了这一壶生命之源。这壶水，在到达沙漠边缘之前，我们都不能喝！"沉甸甸的水壶从一个队员手中传到另一个队员手中。渐渐地，一种代表着生机、希望、喜悦和信心的神色出现在了队员们的脸上。他们打起精神，相互扶持着穿越了沙漠。每当没有办法坚持下去的时候，队长就会让队员们摸一摸沉甸甸的水壶。

经过了三天三夜，他们终于走到了沙漠的边缘，寻到了绿洲和水源。当他们扑上去喝着泉水的时候，一位率先喝完水的队员起身，拿过了队长的水壶，说道："现在可以打开这壶生命之源了吧？"

duì zhǎng diǎn le diǎn tóu   wēi xiào zhe wàng zhe duì yuán men
队长点了点头，微笑着望着队员们。

zhè wèi duì yuán dǎ kāi shuǐ hú hòu   wán quán jīng dāi
这位队员打开水壶后，完全惊呆

le   cóng shuǐ hú li liú chū lái de jū rán shì jīn sè de
了：从水壶里流出来的居然是金色的

xì shā
细沙！

yuán lái   zhī chēng tā men zǒu chū shā mò de   shēng
原来，支撑他们走出沙漠的"生

mìng zhī yuán   jìng rán zhǐ shì bàn hú shā zi   duì zhǎng yòng
命之源"竟然只是半壶沙子。队长用

zhuāng zhe shā zi de shuǐ hú   wèi xiàn rù jué wàng de duì
装着沙子的水壶，为陷入绝望的队

yuán men dài lái le huó xià qù de xìn niàn   ér zuì zhōng
员们带来了活下去的信念，而最终，

tā men yě dé yǐ xìng cún xià lái
他们也得以幸存下来。

坚守信念，成就美好人生

　　坚守信念，会为人们创造生命的奇迹。信念是一个人认为可以确信的看法。坚守信念是对自己目标的坚持，是真诚信服、坚决执行的态度。信念的力量能支持和鼓舞人们创造奇迹，激发人们的积极性。因此，我们坚信自己可以实现美好的梦想，创造美好的生活。如果我们以这样的信念坚持学习，坚持奋斗，以一种积极饱满的热情将想法付诸行动，那么我们的人生将会越来越美好。

被三次扔掉画笔的画家

亨利·卢梭是法国著名的印象派画家。卢梭的父亲是一个铁匠，小时候，父亲经常会教他一些打铁的技巧，希望小卢梭以后也能成为一名出色的铁匠。

当小卢梭上学学习了更多的知识，并且接触到绘画艺术之后，他突然意识到，自己并不想成为铁匠，而是想当一名画家。可小卢梭不敢把自己的想法告诉严厉的父亲，他只能趁着父亲不

在的时候，偷偷放下父亲让他做的打铁的工作，去练习绘画。

有一天，小卢梭又趁着父亲不在，偷偷跑回自己的房间练习画画。他脑海里堆满了创意和灵感，就连火炉里的火花，都变成了他可以在画布上呈现的图像。因为太专注，小卢梭忘记给烧铁的火炉里加煤了。

"砰"的一声巨响，小卢梭的房门被怒气冲冲的父亲推开了。父亲看到小卢梭在画画，更加生气了："你放着关系着全家生计的火炉不管，就是为了画这些没有一点儿用处的画？"

父亲不顾小卢梭的**求饶**（乞求饶恕），把他的画笔和画纸全都扔了出去。

"可是，父亲，我只喜欢画画，不喜欢打铁啊！"

"画画能让你填饱肚子吗？不能！但是打铁可以让你吃饱饭，活下去！"父亲强势地命令小卢梭去把火炉的火重新生起来。小卢梭只好照做，等到父亲去休息的时候，他偷偷地跑出门，把被父亲丢掉的画笔和残破的画纸找了回来。

毕业后，小卢梭还是没有继承父亲的职业，但也没有成为画家，而是去乐团做了一名小提琴手。尽管如此，他还是更喜欢画画。在练习小提琴的间隙，一有时间就会拿出画笔画画。

乐团老板撞见了多次，终于有一天爆发了："卢梭，你到底想做音乐还是想画画？"

"画画！"卢梭脱口而出（不经思考，随口说出）。一怒之下，乐团老板把卢梭的画笔扔进了外面的垃圾箱，说："既然你那么喜欢画画，就立马离开乐团！"

卢梭没有争辩什么，他虽然利用了休息时间画画，但是从没有耽误过乐团的演奏。他走出门，把自己的画笔从垃圾箱里捡起来，离开了乐团。

后来，卢梭得到了一个不错的工作机会，还有了自己的独立办公室。

一次休息时，卢梭在办公室里画画被上司撞见了，上司生气地把卢梭的画笔和画纸扔了出去，并且当场解雇了他。

卢梭没有向上司求情，而是再一次从地板上捡起了画笔和画纸，离开了办公室。

再三因为画画而失去工作后，卢梭觉得自己可能不适合一边做其他事一边画画，他应该更加专心地投入到自己的爱好中去。于是，他开始了职业画家的生涯。

两年后，卢梭成功举办了自己

de gè rén huà zhǎn　　suǒ yǒu lái dào huà zhǎn guān kàn tā huà
的个人画展。所有来到画展观看他画

zuò de rén　 quán dōu bèi zhèn hàn le　 lú suō de huà zuò
作的人，全都被震撼了！卢梭的画作

li yǒu yī zhǒng tiān zhēn yǔ rè qíng jiā zá de qíng xù gǎn rǎn
里有一种天真与热情夹杂的情绪感染

lì　 gān jìng qīng xī de xiàn tiáo gòu chéng de cóng lín huà zuò
力，干净清晰的线条构成的丛林画作

zhōng tòu lù chū yī zhǒng yǔ shì gé jué de níng jìng　　yóu
中透露出一种与世隔绝的宁静。由

cǐ　 hēng lì　 lú suō de míng zi hōng dòng le fǎ guó
此，亨利·卢梭的名字轰动了法国，

tā yě chéng wéi shì jiè huì huà shǐ shang jié chū de yìn xiàng
他也成为世界绘画史上杰出的印象

pài huà jiā
派画家！

弯腰绝不是妥协

亨利·卢梭曾经在自己的日记里这样写道:"我有过三次弯腰的经历,都是为了捡起被人扔掉的画笔,但我的弯腰不是妥协,不是逆来顺受,而是一种与命运的抗争,一种对梦想的坚守!"人生总会因为梦想而闪闪发光,也会因为不断地学习和积累而圆梦。我们在追求梦想的途中可能会遇到各种困难,但是,只要我们不畏艰辛沿着一条路坚持走下去,终有一天,我们的梦想会变成现实。

yòng xīn chuàng zuò de wén xué jiā
用心创作的文学家

jié kè fēi cháng xǐ huan xiě zuò　　zài chéng wéi zhuān
杰克非常喜欢写作，在成为专

yè zuò jiā qián　　tā yī zhí guò zhe pín qióng de shēng huó
业作家前，他一直过着贫穷的生活。

zhí dào tā de dì yī běn xiǎo shuō jí chū bǎn hòu　　tā cái
直到他的第一本小说集出版后，他才

yī jǔ chéng míng
一举成名（一下子就出了名），并且获得
bìng qiě huò dé

le yī bǐ fēng hòu de gǎo chóu
了一笔丰厚的稿酬。

zài tā chéng míng hòu　　chū bǎn shāng fēn fēn xiàng tā
在他成名后，出版商纷纷向他

yuē gǎo　　yǒu de chū bǎn
约稿，有的出版

shāng tí chū le xiāng dāng yōu
商提出了相当优

hòu de tiáo jiàn　　dàn shì jié
厚的条件，但是杰

kè bìng méi yǒu quán bù dā ying
克并没有全部答应

xià lái　　tā hái shi àn zhào
下来，他还是按照

yǐ wǎng de jié zòu qù xiě
以往的节奏去写

作，每天写一千字，写够了就停笔。

杰克的朋友十分不理解。一次过来拜访他的时候，朋友发现杰克的生活并没有大的改善，甚至连新稿纸都舍不得买，而是用旧稿纸的背面继续写字。

朋友问杰克："你现在每天创作多少字？要花多长时间呢？"

杰克回答："我每天都坚持写大约一千字的文章，每周写六天，留一天用来修改前六天的稿子。我会很细致地把稿子改得简洁、通顺，尽量不留任何废话。"

朋友摇摇头，给出了自己的建议："杰克，你这样太浪费你现在的名气和时间了！你想想以你如今的名气，有那么多报纸和出版社找你约稿，给的报酬那么高！你每天何不多写几千字、上万字？这样你也能多拿一些稿费，改善一下你自己的生活！"

"好的作品不是从墨水中流出来的，而是要用心才能创作出来。每天四五千字甚至上万字，我的确能写，但这不是创作，而是生产。就好像要建造一座高楼大厦，你需要一块砖一块砖地慎重砌筑。写作也是这样，需要一天天地琢磨、

xiū gǎi　　　cái néng xiě chū hǎo de zuò pǐn
修改，才能写出好的作品。"

jié kè bìng méi yǒu jiē shòu péng you de jiàn yì　　ér
杰克并没有接受朋友的建议，而

shì jiān chí zì jǐ de chuàng zuò fāng shì　　tā jì xù yī tiān
是坚持自己的创作方式。他继续一天

yī tiān yǒu guī lù de wán chéng yī bù fen wén gǎo　　zài chōu
一天有规律地完成一部分文稿，再抽

chū shí jiān duì zì jǐ de gǎo jiàn jīng diāo xì zhuó
出时间对自己的稿件精雕细琢（精心细

tā de zuò pǐn yuè lái yuè hǎo　　yě yuè
致的雕刻）。他的作品越来越好，也越

lái yuè dé dào dú zhě de rèn kě
来越得到读者的认可。

小目标也能成就大人生

　　倘若杰克接受朋友的建议，把创作变成一件为了赚钱才做的急功近利的工作，使作品失了水准，必然会失去读者的认可与信赖。这样的作家又能靠着以往的名气走多远呢？有些看似曲折的道路，看似艰辛的努力，其实才是真正走向成功的"捷径"。成功需要通过脚踏实地的积累和沉淀来达成。如果路途太过艰难，我们可以在攀爬的道路上设立里程，一步一个脚印前进。每天达成一个小目标，你总有一天能完成大目标。

勤奋实现梦想

孙丽的梦想是考入北方的一所名校。可是她知道自己成绩不好，如果想实现梦想，那么她只有付出加倍的努力。

为了提高数学成绩，她努力地背公式、背定律、做习题，高三的两个学期，她做过的数学题超过了两百套。为了给英语加分，她利用课余和睡前的时间，

每天练习40分钟英语听力，每天背20个新单词；为了把地理学好，她把书中所有的图表重新画了一遍，时常拿出来学习；为了提高语文成绩，她坚持每天背诵、抄写课文……

　　高考结束，孙俪以优异的成绩考入了自己梦想的大学。学校请她为学弟学妹们做一个分享学习经验的演讲。孙丽在演讲那天，把一个装满练习册和笔记本的纸箱拿到了讲台上。她对台下的同学们说，在开始她的演讲前，她要先把自己进步的秘诀分享给大家——就是那一沓写满字的笔

记本、抄读本、错题集、地图册……

孙丽用自己的经历告诉学弟学妹们：想要取得好成绩，想要进步，没有任何捷径，就是要靠勤奋和努力。

"你们知道我背得最多的一首诗，一共背了多少次吗？37次！为了弄明白一道数学公式，我做了19道相关的题目！为了写好英语作文，我每天背一份英文报纸……"孙丽挺直胸膛，站在讲台上，微笑地望着台下的学弟学妹们，"我知道自己并不是天才，我唯一能相信的就是自己的勤奋，一分付出就有一分收获。如果你

bù shì tiān cái   shì xiàng wǒ zhè yàng pǔ tōng ér yōng yǒu mèng
不是天才，是像我这样普通而拥有梦

xiǎng de rén   qǐng xiāng xìn qín fèn de lì liàng
想的人，请相信勤奋的力量！"

sūn lì de yǎn jiǎng ràng tái xià xiǎng qǐ le rè liè de
孙丽的演讲让台下响起了热烈的

zhǎngshēng hé huān hū shēng
掌声和欢呼声。

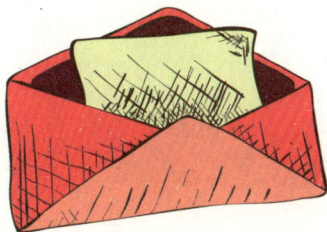

勤奋是学习的最好帮手

当你明确了自己的学习目标后，你就不应该再犹豫，而是应该坚定地朝着那个目标前进。当你的能力还不能达标时，就更应该花费加倍的时间，去提升自己的学习能力。在这个世界上，资质过人的天才少之又少，更多人的成功是因为勤奋。勤奋大概是这个世界上最简单、最有效果的成功方法。它没有太多的技术含量，只需要你有刻苦的决心和坚定的毅力，就可以做到。人生没有捷径可走，只有脚踏实地、勤奋学习的人，才能走出光辉的人生之路。

huà jiā hé xiǎo lǎo shǔ
画家和小老鼠

cóng qián　　　měi guó yǒu yī wèi nián qīng de huà jiā
从前，美国有一位年轻的画家，

tā jī hū　yī wú suǒ yǒu
他几乎一无所有（什么都没有，形容非常

贫穷）。他既没有工作，也没有钱租房
tā jì méi yǒu gōng zuò　　　　yě méi yǒu qián zū fáng

zi　　zhǐ néng zhù zài hǎo xīn rén jiè gěi tā de yī gè fèi
子，只能住在好心人借给他的一个废

jiù chē kù li
旧车库里。

jǐn guǎn shēng huó kùn dùn　　　dàn huà jiā bìng méi yǒu yīn
尽管生活困顿，但画家并没有因

cǐ huī xīn　　　tā xiāng xìn zì jǐ zǒng yǒu yī tiān néng chéng
此灰心，他相信自己总有一天能成

gōng　　huò dé shè huì de rèn kě
功，获得社会的认可。

suǒ yǐ　　　tā gèng jiā nǔ lì
所以，他更加努力

de liàn xí huà huà
地练习画画。

yī tiān　　huà jiā
一天，画家

zhèng zhuān xīn zhì zhì
正专心致志（形

容非常认真地去做某件事）

地在桌上画画，一只小老鼠偷偷摸摸地爬上了桌子，吃起了上面的面包屑。画家丝毫没有察觉。小老鼠的胆子大了起来，甚至爬上他的画纸，仿佛在看他画画似的。画家总算发现了这只淘气的小老鼠，但他不仅没有赶走它，还放下画笔和它玩了起来。小老鼠很听话，甚至还会蜷缩在他的手心里睡大觉。画家非常喜欢这只给他带来欢乐的小动物，他研究小老鼠的每一个动作，还为它画了各种各样的画。

就这样过了一段时间，有个朋友

给画家介绍了一份工作，让他参与制作好莱坞的一部以动物为主题的动画片。他想起了在废旧车库里陪伴他的小老鼠。于是，一个深受世界人民喜爱的卡通形象——米老鼠就这样诞生了。

这位从不对自己失去信心的年轻画家，就是迪士尼公司的创始人——沃尔特·迪士尼。因为可爱的米老鼠，他的名字已经传遍了世界。

自信赢得未来

相信自己的人，比起对自己的能力认识不清甚至怀疑否认的人，更容易获得成功。

每个人的人生都不可能一帆风顺，总会遇到低谷。往往这种时候，你会灰心丧气，觉得自己的前途一片黑暗。但请你不要放弃，哪怕住在废旧车库，沃尔特·迪士尼仍相信自己，给陪伴自己的小老鼠画画，最后创作了米老鼠这一经典形象，也让自己走向了成功。

人生的精彩，要靠自信的你去打拼才能得来。

尊重知识

古希腊哲学家泰勒斯是一个知识渊博（学识深厚广博）的人，但他平时的生活十分简朴。

有一天，穿着十分朴素的泰勒斯在街上遇见了一个衣着华丽的商人，这个商人嘲讽泰勒斯，说："泰勒斯，听说你是一个知识渊博的人，现在看来，知识没能给你带来财富，只给你带来贫穷和寒酸啊！"

泰勒斯听了后，不客气地回答道："你可以攻击我的贫穷，但你不可以因为我的贫穷就这样轻视知识的作用。我会用事实让你明白的！"

一向埋头研究学问的泰勒斯开始研究起如何用知识创造财富。他运用自己所掌握的天文学和数学、农学方面的知识，推断出第二年的气候十分适合橄榄的生长。

于是，泰勒斯提前用很低的价格租到了许多榨橄榄油的工具。那名嘲讽泰勒斯的商人知道了这个消息，取笑泰勒斯不懂做生意，早晚要赔钱和闹笑话。

泰勒斯不管其他人怎么看，他把附近所有的榨油工具都租了过来。等到第二年，橄榄果
然大丰收，许多农
户和商人都急需榨
橄榄油的工具。尽管泰勒斯提高了租
金，可那些要做橄榄油生意的农户和
商人依然在泰勒斯的门前排起了长
队，那名曾经嘲笑过泰勒斯的商人也
在队伍里焦急地等待着。

泰勒斯看到那个被挤在人群中、
样子十分狼狈的商人，走过去对他
说："你现在应该得到教训了吧？我如
果想要财富，只要稍微运用一下我的
知识就可以得到。知识是无价之宝，我
希望你以后学会尊重和敬畏知识。"

知识的力量

　　从远古时代开始，人类就懂得积累知识，并将知识运用到生活中去。知识推动了科技的进步，从而为社会的发展注入了强大的动力。没有知识，就没有我们赖以生存的现代文明。只有尊重知识，敬畏知识，我们才能像泰勒斯一样，合理运用知识，创造出更加美好的生活。

学习其实很快乐

黑格尔是德国著名的哲学家，他的思想对后世产生了深远的影响。

小时候，黑格尔就十分喜爱读书。每到周末，小伙伴们都会开心地过来跟黑格尔打招呼："黑格尔，放下书吧，今天可是周末，我们一起去放风筝吧！"

可黑格尔仍然端正地坐在书桌前，礼貌地对邀请他的小伙伴们说："谢谢你们啦，不过我今天更想去图书馆，我还

有好多书想看呢！"

于是，别的孩子都跑出去玩儿了，只有黑格尔一个人去了图书馆。

黑格尔不仅喜欢读书，还喜欢做读书笔记。他在看书时，发现有好的内容就会立即抄写在自己的笔记本上。在读书的过程中，黑格尔把书上的内容，在学习中获得的想法、受到的启发等，分好类别一一记录下来，然后按照字母的顺序排列，放进文件夹里。当黑格尔需要查找资料的时候，只要打开文件夹，按照字母的顺序，就能迅速找到整理好的资料。

日积月累（长时间地积累），黑格尔

的"资料库"越来越庞大。与此同时，他的视野和思想也日益开阔和深刻。

长年累月地广泛阅读，细水长流地做读书笔记，黑格尔掌握的知识越来越丰富。这种将内容整理得井井有条的读书习惯，让黑格尔受益终身，并为后来他在哲学领域取得的伟大成就奠定了坚实的基础。

学习要掌握方法

无论做什么事，都要掌握好方法，学习也是一样。黑格尔之所以能够成为一名伟大的哲学家，不仅仅是因为他爱读书、学识渊博，更在于他掌握了高效的学习方法——对知识进行归纳整理。

在平常的学习中，我们也要学会及时整理学到的知识，并对不同的知识进行分类，才能达到事半功倍的效果。

摩西奶奶的爱好

　　美国有一位传奇人物——"摩西奶奶"。她76岁时开始拿起画笔画画，80岁时成功举办了自己的画展。

　　摩西奶奶家里有很多兄弟姐妹，所以她很小就离开父母去工作。长大后，她跟一名农场工人结婚，生了孩子。等孩子们长大后，她终于有时间做做刺绣，绣一绣她喜欢的风景。

　　摩西奶奶的年纪越来越大，身体也越来越差，特别是在她丈夫去世后，摩西奶奶已经没办法刺绣了。摩西奶奶非常失落。

nǎi nai de nǚ ér zhī dào le ān wèi mā ma
奶奶的女儿知道了，安慰妈妈

shuō suī rán nín bù néng cì xiù le dàn shì kě yǐ shì
说："虽然您不能刺绣了，但是可以试

zhe huà huà ya dí què ná huà bǐ bǐ cì xiù yào
着画画呀。"的确，拿画笔比刺绣要

róng yì yī xiē yú shì mó xī nǎi nai yǒu le tā de xīn
容易一些，于是摩西奶奶有了她的新

ài hào zhè ge shí hou tā yǐ jīng suì le
爱好。这个时候，她已经76岁了。

mó xī nǎi nai yuè huà yuè duō yuè huà yuè gāo
摩西奶奶越画越多，越画越高

xìng nǚ ér yǒu shí huì bǎ tā de huà mài chū qù yòng
兴。女儿有时会把她的画卖出去，用

mài huà de qián gěi hái zi men mǎi diǎn xiǎo líng shí zhí dào
卖画的钱给孩子们买点小零食。直到

yǒu yī tiān mó xī nǎi nai de huà bèi yī wèi yì shù pǐn
有一天，摩西奶奶的画被一位艺术品

shōu cáng jiā kàn zhòng le hái bèi sòng dào le niǔ yuē yī jiā
收藏家看中了，还被送到了纽约一家

有名的画廊进行展览。

摩西奶奶的名字被越来越多的人知道了。画廊老板甚至说："我要给您举办个人画展！"

80岁的老奶奶举办画展，成为当地的一条大新闻，轰动全市，摩西奶奶也成了全国有名的人。不少人开始给摩西奶奶写信，其中有位青年医生，他的理想是当个作家，不知道自己该不该继续当医生。

摩西奶奶看了这封信后，给这位年轻人回信道："不要迷茫了，孩子。去做你喜欢的事情，

shàng dì huì gāo xìng de wèi nǐ dǎ kāi chéng gōng zhī mén　　nǎ
上帝会高兴地为你打开成功之门，哪

pà nǐ yǐ jīng　　suì
怕你已经80岁。"

nián qīng rén shōu dào huí xìn hòu hěn gāo xìng　　tā cí
年轻人收到回信后很高兴。他辞

qù le yī shēng de gōng zuò　　hòu lái chéng le yī míng chéng
去了医生的工作，后来成了一名成

gōng de zuò jiā
功的作家。

学习，从来不晚

追求梦想，做喜欢的事情，为什么要担心起步太晚了呢？

在做决定时，仔细思考。一旦决定去做，那便是实现成功最好的时机。所有的梦想，都必须从"现在"出发，才能到达你的"未来"。只有"未来"没有"现在"的梦想，不过是空想家的自我欺骗罢了。

不要用任何理由阻碍自己的学习，哪怕是时间、年龄的限制。只要开始学习，从来都不晚。

没有卷叶的画作

齐白石先生是中国著名的画家、艺术家，在创作中非常**严谨（严密细致；严密谨慎）**，特别重视细节。他十分擅长画花草虫鱼，每画一幅都会事先细心地观察，然后才下笔。如果仔细观察，能发现齐白石笔下的动物，神态、动作都不一样，可见齐白石观察得非常仔细。

有一天，作家老舍找到齐白石先生，请他帮忙画一幅画，题目是"芭蕉叶卷抱秋花"。

"齐老，麻烦您了，一定要答应啊。"老舍说。

齐白石有些为难。虽然他每天坚持画画，但是记忆力已经没有原来那样好了。齐白石仔细回忆着，他似乎记不清楚，新长出的芭蕉叶叶尾是向哪个方向卷。

齐白石问家人："我们这个城市里，有芭蕉树吗？"

家人摇了摇头："没有的。我们这个城市不适合芭蕉树生长，有也不容易找到。"

齐白石叹了口气，考虑了一会儿。

老舍说："齐老不要太纠结了，您画的肯定没有问题。"

齐白石又想了一会儿，还是说："画是可以画的，只是……只好不要卷叶了，我不能随便画呀！"

老舍点了点头。等他下次来拿画的时候，画上果然没有出现卷叶。

细节决定一个人的高度

从齐白石作画的故事中，可以看出他对细节的关注，也正是因为如此，齐白石的画作才能惟妙惟肖。也许，他关注的细节并不是最重要的部分，毕竟一片叶子在一幅画中所占的地方很小，但是，这一片叶子在齐白石眼中，就是整幅画的精髓。既然自己不能确定叶子卷的方向，那么宁愿不画也不能违背事实。这么严谨的创作精神，是不是令人肃然起敬呢？在未来的学习中，我们也要学习这种对细节一丝不苟的精神，把细节做到极致，必定会收获丰硕的果实。

兴趣是最好的老师

从前有一个木匠，他的手艺非常好，做出的家具既好看又耐用。周围的人都很喜欢，这让木匠很有成就感。一年年过去，木匠渐渐老了，他打算把自己的手艺教给两个儿子。

他叫来两个儿子，说："我打算把手艺传给你们。"

结果大儿子摇了摇头，说："爸爸，我不想做木匠。"

木匠又看了看小儿子。小儿子也拒绝了："爸爸，我还有别的计

划，对木匠不感兴趣。"

这可把木匠气坏了，木匠直接说："我不管你们有什么想法，对木工感不感兴趣，你们都要跟着我学习！"

可惜这两个儿子根本没有兴趣，也没有认真学，做出来的家具也歪歪扭扭（形容不正或不直的样子），根本达不到木匠的要求。

木匠很生气，觉得儿子们不理解自己。

有一天，寺庙的住持请他去寺庙干活。做完后住持请他喝茶，他便说起了这事。

住持不紧不慢地问他："你喜欢喝

chá hái shi hē bái kāi shuǐ
茶还是喝白开水？"

　　　mù jiàng shuō　　　dāng rán shì hē chá le　　bái kāi shuǐ
　　木匠说："当然是喝茶了，白开水

yǒu shén me wèi dào
有什么味道？"

　　　　zhù chí què gěi le mù jiàng yī bēi bái kāi shuǐ
　　　　住持却给了木匠一杯白开水。

　　　　mù jiàng bù yuè de wèn　　　dà shī zhè shì gàn shén
　　　　木匠不悦地问："大师这是干什

me　　　wǒ cái shuō guò bù xǐ huan bái kāi shuǐ
么？我才说过不喜欢白开水。"

　　　　zhù chí xiào zhe shuō　　　shī zhǔ jì rán bù xǐ huan
　　　　住持笑着说："施主既然不喜欢，

nà wèi shén me hái yào miǎn qiǎng bié rén zuò zì jǐ bù xǐ huan
那为什么还要勉强别人做自己不喜欢

de shì ne
的事呢？"

mù jiàng yǒu xiē nán guò　　　　kě shì zhè yàng　　wǒ de
木匠有些难过："可是这样，我的

shǒu yì bù jiù shī chuán le ma
手艺不就失传了吗？"

zhù chí xiào le xiào　　wèi shén me bù bǎ shǒu yì
住持笑了笑："为什么不把手艺

chuán gěi xǐ huan zuò mù jiàng de rén ne
传给喜欢做木匠的人呢？"

让你的兴趣之花常开不败

青少年时期，每个人都兴趣广泛，心灵的田野里长满了各种各样的兴趣幼苗。幼苗多了，你不让我，我不让你，争营养，争水分，争时间，结果谁也长不好。我们要做的，是理智地分析一下这些兴趣的幼苗，哪些是有益的，哪些是有害的。当我们懂得分辨兴趣的好与坏后，就应该有所取舍，锄去有害的，留下有益的细心呵护，让兴趣之花在心灵的田野中常开不败。

陶渊明的学习之道

东晋末年，有一个书生想成为名士，可是又不想用功读书。听说陶渊明是名士，书生就跑去请教。

"先生，请您教教我吧！您看着每天都很悠闲，却很有学问，这是为什么呢？"

陶渊明想了想，把他领到稻田边："你先看看这地里的稻子，它们是不是在长高呢？"

书生蹲在地上盯着稻子看了半天，眼睛

都看得又酸又胀，还是没有看出任何变化，只能说："没有哇，先生，我没有看出它们在长高。只有神仙才能看得出来吧！这些稻子根本就没有任何变化。"

陶渊明故意反问书生："稻子没有变化，那怎么会从刚种下的小禾苗长成现在这样呢？"

书生张大了嘴巴，却回答不上来。

陶渊明又把这个书生带到了河边，指着一块磨刀石问："你说说，为什么磨刀石的中间会凹下去呢？"

书生眼睛一亮，回答说："当然是人们磨刀磨下去的呀！"

陶渊明紧接着又问："那你知道凹痕是什么时候出现的吗？"

书生连忙摇头："先生，这我怎么会知道呢？这个答案只有磨刀石才知道吧！"

陶渊明闻言，拿起竹简拍了拍书生的头："学习也是一样的道理。学习就像稻苗，你看不到它们的生长，但它们每天都在长高。相反，不想学习就像这块磨刀石，平时看不出来，但其实每天都在被消磨。等凹痕出现的

shí hou　　hòu huǐ jiù tài chí le
时候，后悔就太迟了。"

　　shū shēng tīng hòu　　xiū kuì de shuō　　yuán lái zhè
　　书生听后，羞愧地说："原来这

jiù shì xué xí de dào lǐ　　xué xí méi yǒu jié jìng　　zhǐ
就是学习的道理。学习没有捷径，只

yǒu yī tiān yī tiān de nǔ lì　　cái néng kàn dào jìn bù
有一天一天地努力，才能看到进步！"

一分耕耘一分收获

　　每个人都想在学习上取得好成绩，梦想自己能够达成伟大的目标。但有些人一旦去实践，就会害怕辛苦、害怕困难、害怕付出。等到别人已经成功，自己却一无所成时，又开始抱怨命运不公，殊不知放弃成功的恰恰就是自己。

　　理想并不是空中楼阁，需要有扎实的基础和足够的积累。一个人并不能轻轻松松就能获得好成绩，一分耕耘一分收获。努力付出了，才会得到回报。

yǒu héng xīn de táng kǎ
有恒心的唐卡

táng kǎ xiǎo shí hou hěn bù dǒng de biǎo dá huí dá
唐卡小时候很不懂得表达，回答

lǎo shī wèn tí shí yě jiē jiē bā bā jīng cháng bèi qí tā
老师问题时也结结巴巴，经常被其他

tóng xué cháo xiào
同学嘲笑。

yǒu yī cì shàng yīng yǔ kè lǎo shī ràng táng kǎ hé
有一次上英语课，老师让唐卡和

tóng zhuō yī qǐ liàn xí yīng yǔ duì huà táng kǎ jǐn zhāng de
同桌一起练习英语对话。唐卡紧张得

yī jù huà dōu shuō bù chū tóng zhuō fēi cháng shēng qì
一句话都说不出。同桌非常生气，

xiàng lǎo shī kàng yì lǎo shī táng kǎ gēn běn méi fǎ shuō
向老师抗议："老师，唐卡根本没法说

huà wǒ yào huàn dā dàng
话！我要换搭档！

wǒ bù xiǎng zài gēn táng kǎ yī
我不想再跟唐卡一

qǐ liàn xí le
起练习了！"

yī páng de táng kǎ yòu
一旁的唐卡又

chī jīng yòu shāng xīn tā xià
吃惊又伤心，他下

定决心要好好学习，克服一切困难。

唐卡先从英语开始。他找到一部英语词典，决心把上面所有的单词背下来。可是唐卡的基础很差，很多单词他根本不会。于是，唐卡一边听磁带学习，一边把单词背下来。另外，他每天都坚持背诵和复习前一天背过的内容，哪怕生病了也没有落下。

当唐卡坚持背完一部词典后，他的英语成绩已经有了明显的提高，甚

至考了班级第一名，说英语也流利（话说得快而清楚）起来。

唐卡的进步让老师很高兴，老师问他说："唐卡，你的英语为什么会进步这么快？"

唐卡挠了挠头，老实地说道："也没有什么诀窍，我只是背完了一本英语词典。"

老师听完，非常惊讶地问："你背完了一本词典？背完了词典里所有的单词？"

— 074 —

唐卡点了点头，说："是的。我每天都背一些，坚持到现在，终于背完了。单词背多了以后，觉得题目都很简单，说英语也很容易了。"

老师很感动，摸了摸他的头发："你能这样有恒心地学习，没道理不成功。"

人生不能缺少恒心

唐卡不是个聪明的孩子，从他小时候不善于表达，回答问题时结结巴巴中就能看出。但是他能正视自己的不足，并找出改进的办法。也许他的办法并不高明，但是他足够耐心，持之以恒，最后取得了好成绩。

从唐卡的故事中，我们可以看出，只要你肯为你的目标付出艰辛的劳动，并配合正确的方法（有时甚至是笨办法），就一定会得到幸运之神的眷顾。

这世界上没有办不到的事情，只要有坚定的信心，铁杵也能磨成针！

家访发现的苦恼

一个周末，陈老师去五年级的张小明家家访。小明妈妈见到陈老师犹如找到了救命稻草，大呼请她帮忙支招。

"陈老师，我们家小明一直都很刻苦！就算周末他也听话地在房间里读书！可是昨天刚背好的课文，今天再背他就结结巴巴（说话时字音重复或词语中断）背不出来了！"小明妈妈的语气中既有自豪也有懊恼。

陈老师了然地点点头："小明妈妈，其实我今天就是为这个事情而来的。"

小明妈妈高兴地说："您有解决办法了？请您快说！"

陈老师顿了顿，有点迟疑地开口："其实，通过对小明的观察，我觉得他用错了学习方法，而且……您太勉强孩子去学习了。"

小明妈妈不明白："可如果不让孩子拼命读书，他成绩下降该怎么办？"

陈老师安抚地拍拍小明妈妈的手："学习不能只讲究努力。如果没有好的学习方法，不能端正学习心态，再认真也起不到作用……"

小明妈妈认真听着，若有所思（形容好像在思考什么似的）地点头。

"而且，不知道您有没有发现，您的孩子可能心理压力太大了。过大的压力让他不能集中注意力，很难进入学习状态。"

小明妈妈被陈老师提醒后，也开始反思："的确是这样。我记得，小明三年级时一直是班上的前五名，数学还能考满分。从那以后，我们对小明的要求和期望也越来越高……"

"每一位家长都渴望自

079

己的孩子有好的成绩，却忘了去关
注孩子的心理健康。只用成绩要求孩
子，很容易让成绩变成孩子的负担。"

"我明白了，谢谢您的指导，陈
老师。"小明妈妈起身向老师道谢，
接着轻轻地打开了小明的房门。

不久，书房里传来孩子的哭声
和小明妈妈的安抚声。

劳逸结合，学习更有效率

就像张小明的父母一样，在现实生活中，大部分父母都是望子成龙、望女成凤的。因此很多父母只会一味地让孩子学习，在不经意间就对孩子施加了许多的压力，加重了孩子的心理负担，忽略了孩子的心理健康，以及对正确学习方式的探寻。

其实"文武之道，一张一弛"。只有保持一个良好的心理状态，劳逸结合，带着积极饱满的精神去学习，才能够让自己充分地体会到学习的乐趣和益处。这是提高学习效率的最好方法。

chuān yuè shā mò de kùn nan
穿越沙漠的困难

　　cóng qián yǒu yī wèi lǚ xíng jiā　　tā yào dú zì chuān yuè
　　从前有一位旅行家，他要独自穿越

shā mò de wú rén qū
沙漠的无人区。

　　dà jiā hěn dān xīn tā de ān quán　　biàn ràng tā dài
　　大家很担心他的安全，便让他带

shàng yī méi qiú zhù dàn　　rú guǒ yù dào shēng mìng wēi xiǎn jiù
上一枚求助弹，如果遇到生命危险就

kě yǐ qiú jiù　　dàn shì xiāng duì de　　yī dàn fā shè qiú
可以求救。但是相对的，一旦发射求

jiù dàn jiù yì wèi zhe zhè cì tiǎo zhàn shī bài le　　lǚ xíng
救弹就意味着这次挑战失败了。旅行

家想：我做了那么多准备，学习了那么多知识，一定不会用到这枚求助弹的。

冒险开始了，旅行家带着很多食物和水，走进了沙漠无人区。

第一天，旅行家坚持走了三万米。他拿着指南针，没有迷失方向，只是觉得脚底有些不舒服。

第二天，他往前走了两万米。途中遇到了一群野牦牛，他为了躲避它们绕了一点儿远路，晚上觉得自己的脚又酸又痛。

第三天，他前进的路程更短了，比他预定的目标差了一大截。旅行家非常心急，咬咬牙，决定不休息继续赶路，可是他的脚越来越不舒服。

到了后来，他实在是走不动了，

只好发射了求助弹。

救援的直升机赶来了，当医生为旅行家检查时，发现旅行家的鞋子里有一颗米粒大小的沙子。旅行家非常惊讶："就是因为它，我才脚疼得没法走出沙漠吗？"

医生之前早已见过这种情况，所以很淡定："您还是没有学习够哇！生存手册里说过要检查好鞋子。你可千万别小看了这粒沙子，很多人正是因为它才没有成功的！"

细节决定成败

俗话说"细节决定成败"，决定一件事情成败的关键往往在于容易被忽略的细节。越是不起眼的细节，越难受到人们的重视，最终从"失之毫厘"到"差之千里"。比如一台庞大的机器，哪怕是其中的一颗小螺丝钉掉了，都可能造成机器解体的后果；经营百年的老店，也许就因为一碗不干净的汤坏了百年老店的口碑。所以无论学习还是做事，我们都要注意细节。将这些看似不起眼的细节把握好，一定能加大成功的几率，甚至能让我们享受到意想不到的惊喜。

卡尔斯的比萨

有个叫卡尔斯的年轻人，高中毕业后就在家帮父亲经营一家杂货店。随着杂货店的生意越来越差，卡尔斯跟父亲提出改做其他生意的想法，父亲同意了。

卡尔斯在商店附近看了看，发现这条街道经常有学生过来吃饭，认为做饮食肯定没问题。最后他将店改成了比萨店。

果然，比萨店开业后生意非常好。卡尔斯尝到了甜头，便**马不停蹄**（形容人的行动急促或连续不断地进行工作）地在另一个街道上开了分店。

然而，坏消息传来，新店根本不赚钱。新店开张的第一周，连老店销量十分之一的一百张比萨都没卖完。第二周，卡尔斯将供应量减少到了七十份，还是没卖完。第三周甚至连四十份都卖不出去。

分店不仅不赚钱，还得倒贴房租和其他费用，大家都劝卡尔斯早点将分店关闭。但卡尔斯拒绝了，他坚信自己一定能找到原因，让自己的比萨得到顾客的喜爱！

卡尔斯将新店营业以来的所有订

单信息打印出来，一张一张地记录，分析顾客们的口味、消费习惯等。还在新店附近的街道转悠，分析附近居民的生活状态。

最后，卡尔斯得出了结论：新店附近的居民更加偏爱加了水果的、有折扣的比萨套餐。根据结论，卡尔斯迅速调整了产品口味，还专门开发了优惠方案，很快，分店的生意变好了。

失败乃成功之母

　　人生不会总是一帆风顺的。卡尔斯在生意面临巨大的危机时并没有气馁，而是积极地去寻找原因，发现问题，最终顺利地化解了危机。在我们的生活和学习中，也会遭遇失败，但失败并不可怕，因为它能给你避免再犯错误的经验和改正、提高自己的机会。真正可怕的是你失败了就立刻放弃，不去想原因、想办法。我们要保持平常心，从错误中学会总结、反思。

坚硬的木结

小五高考成绩不理想，没能考上喜欢的学校。沮丧（灰心丧气的意思）的他回到了家中，跟着父亲学习做木匠。但他一直很失落，因为他并不喜欢当木匠。

有一天，小五跟着父亲学习怎么能把木板表面处理得光滑。

小五拿起工具尝试，可是木板上的木结，怎么也处理不好。

"父亲，木板上的木结怎么这么硬？我一直弄不掉。"小五向父亲求助说。

"木结其实是木板受过的伤，越坚硬表示受的伤越深。"父亲一边干活一边回答。

"受过的伤？"小五听不明白父亲的意思。

"这些木结呢，其实就是树木的伤疤。树木会让自己的伤口变成坚硬的木结。"父亲停下了手里的活儿，抬头解释道，"人也是一样的。只有受过伤之后，才会变得比过去更坚强。"

父亲的话让小五沉默了。

学习也是一样吧？如果失败一次就逃跑，他就不会拥有自己的"木结"，不会变得更坚强了。那么，自己为什么要因为一次高考失败就放弃呢？

小五想通了，他对父亲说："父亲，我知道了，我不想当木匠，我想回去读书。"父亲答应了。

小五回到学校参加了补习班，重新翻开书本。他刻苦学习，满怀信心地参加了第二年的高考，最终考上了心仪的学校。

感谢曾经经历的痛

那些你受过的伤，能使你更坚强，在未来的日子里学会更好地保护自己；那些你承受过的失败，能让你找到成功的方法，避免在同一个错误上再次犯错；那些让你流过泪的人和事，能让你迅速成长和成熟，成为一个有勇气、有担当、有能力的人。

伤痛并不可怕，正视它、战胜它，它将成为你人生最宝贵的财富。

奥尔森的榜样

洛杉矶举办了一场大型企业家交流会，主办方邀请到了著名企业家奥尔森。

主持人问他："奥尔森先生，我们都知道您是全球最大数字设备公司的创始人。那么，您认为，您能取得这么大的成就，原因是什么呢？"

奥尔森笑着回答："其实，我说过很多次，我之所以能成功，是因为我把自己的父亲当作人生 榜样（作为仿效的人或事情）。"接着他讲述了

zì jǐ fù qīn de gù shi
自己父亲的故事。

yuán lái   ào ěr sēn de fù qīn ào sī wǎ ěr dé
原来，奥尔森的父亲奥斯瓦尔德

shì yī míng tuī xiāo yuán   yī tiān   tā mài diào le yī tái
是一名推销员。一天，他卖掉了一台

jī qì   zài xiě bào gào shí què fā xiàn   kè hù qí shí
机器，在写报告时却发现，客户其实

bìng bù shì zhēn de xū yào zhè tái jī qì   yú shì   tā
并不是真的需要这台机器。于是，他

mǎ shàng zhǎo dào le zhè wèi kè hù   tǎn bái dào   nín
马上找到了这位客户，坦白道："您

hǎo   wǒ fā xiàn zhè tái jī qì kě néng bù néng mǎn zú nín
好，我发现这台机器可能不能满足您

de xū qiú   nín méi bì yào gòu mǎi tā
的需求，您没必要购买它。"

客户认真听了他的分析，最后取消了订单。

这件事被奥斯瓦尔德的老板知道了，他非常生

气："你是推销员，你的职责就是卖掉机器，怎么能让别人不要买呢？赶紧把客户给我追回来！"

可是奥斯瓦尔德的态度很坚定："不行。我们合作要讲诚信，让客户买他不需要的东西，就是不诚信的行为，这不仅危害客户的利益，还会给企业带来不好的影响。"

听了奥斯瓦尔德的话，老板的情绪也渐渐平静下来，但仍然有些生气："你说得对，但是也不能主动让客户不要购买。"

奥斯瓦尔德继续说："没关系的。虽然这一次的合作没有成功，但是客户会对我们公司更信任，以后还有更多合作的可能。"

果然，这位客户后来跟公司有了更多的合作，奥斯瓦尔德的名气也越来越大。

奥尔森把父亲当成榜样，向他学习重视诚信，最终成了一名成功的企业家。

榜样的力量

榜样是我们人生的标杆，是引领前路的旗帜。榜样的力量感染着身边的同路人，给我们生活的世界带来正能量。奥尔森把父亲当成榜样，从他身上学到了重视诚信的美好品质，这也成为奥尔森走向成功的关键。每个人的身上都有值得我们学习的地方，看到他人身上的优点，并以此为榜样，我们就能在其积极的影响下不断地学习和进步，不断地完善自己。总有一天，我们自己也可以成为别人眼中的榜样。

麦克的生命之水

麦克打算找份工作，可是找了很久都没有找到。他的心情糟透了，觉得人生一片灰暗。这种烦乱的心情影响了他的生活，他渐渐懒得收拾自己，衣服脏兮兮的，头发乱糟糟的，看起来好像老了20岁。

这天，他面试失败后路过一家教堂。带着灰暗的心情，他找到教堂里的牧师，向他倾诉自己心中的苦恼。

牧师把麦克带进一个小房间。这个小房

间非常破旧，到处都沾着灰尘。房间里有一张桌子，桌子上有个玻璃杯，里面盛满了水。

"牧师，您带我来这里做什么呢？"麦克疑惑地问。

"你看这杯水，它一直放在这里，每天都有灰尘掉进去，可是看起来却依然很清澈。你知道原因吗？"牧师问。

麦克思考了一会儿，回答说："是因为灰尘都沉到水底了吗？"

牧师微笑着点点头，对麦克说："生活就像这杯水，而掉进水里的灰尘就是生活中遇到的烦恼。灰尘沉到水底让水清澈，

但如果不停地搅动水，灰尘也会让水浑浊。人生也是这样。麦

克，你需要调整好自己的状态。"

"可是，我该怎么调整呢？"麦克似乎明白了一些道理，但是他依然苦恼。

"不要急躁，越是关键的时刻，你越应该停下来，好好整理，尽快让浑浊的水沉淀下去，让你的人生也沉淀下来。"

麦克明白了，跟牧师道谢后，走出了教堂。

麦克开始调整自己。他换了身干

jìng de yī fu jiǎn le gè qīng shuǎng de tóu fa zhěng gè
净的衣服，剪了个清爽的头发，整个

rén dōu qīng kuài le bù shǎo tā kāi shǐ liú xīn guān chá shēn
人都轻快了不少。他开始留心观察身

biān měi hǎo de shì wù tā huì wèi yè kōng zhōng de xīng xīng
边美好的事物，他会为夜空中的星星

zhù zú huì wèi lù biān dǎ jià de xiǎo māo tíng bù yě
驻足，会为路边打架的小猫停步，也

huì huí yìng lù rén de wēi xiào tiáo zhěng hǎo zhuàng tài de
会回应路人的微笑……调整好状态的

mài kè shēn shang zhàn fàng chū rè ài shēng huó de qì xī
麦克，身上绽放出热爱生活的气息，

yán yu yě biàn de yǒu zhāo qì hé zì xìn qǐ lái bù
言语也变得有朝气和自信起来。不

jiǔ mài kè zhēn de zhǎo dào le yī fèn hé shì de gōng zuò
久，麦克真的找到了一份合适的工作。

以新状态迎接挑战

　　麦克差点被找工作的挫折打败，受牧师的点拨才醒悟过来，调整自己。我们学习的时候也会遇到许多挫折，有时候，一个英语单词怎么都拼写不出来，一道数学题花了一个小时也解答不了……你会觉得自己似乎已经承受不住这些打击了。当你有这样的感觉时，你就要调整自己的心态和节奏。静下心来，认真欣赏身边的美好事物，当你为它们惊叹的时候，你会发现一切都会变得美好；你会发现生活并没有想象中的那么艰难，哪怕挫折也只是你磨炼和提升自己的机会；你会发现用新的状态去迎接挑战，那么新的人生就在美好的前方。

爱读书的孙康

东晋有个少年叫孙康。他从小就喜欢读书，但因为家里穷，没有上学读书的机会。白天，他要上山砍柴，还要下地种田，连看书的时间都是一点点挤出来的。

孙康也想晚上读书，可是晚上读书要点灯，他买不起灯油，只能把书放下，在心里回想白天看过的内容。

有一年冬天，天气特别寒冷，连续下了好几天大雪。晚上，孙康裹着被子，坐在床上默默回想着书上的内容。突然，他一偏头，发现窗口越来越亮。孙康想：天亮了，我可以读书了。

孙康穿好衣服，推开窗户，只觉得一阵寒气扑进来，原来是下大雪后，白色的雪把窗口映亮了。

"原来如此！"孙康心想，"这雪光不就是不用点的灯吗？它不是也可以用来读书吗？"想到这，孙康非常高兴，拿着白天没有读完的书，来到院子里，借着积雪的亮光，重新开始看书。

冬天真冷啊！刺骨（寒气侵入人的骨头，形容极冷）的寒风夹着白雪，冻得孙康手指都僵硬了。可是他仍然不想

fàng qì dú shū měi cì jué de lěng shí jiù cuō yī cuō
放弃读书，每次觉得冷时，就搓一搓

shǒu shí zai tài lěng le tā jiù pǎo huí wū zi li hē
手。实在太冷了，他就跑回屋子里喝

bēi rè chá nuǎn huo yī xià zài chū lái kàn shū
杯热茶暖和一下再出来看书。

zhěng gè dōng tiān yī yù dào xià xuě de wǎn shang
整个冬天，一遇到下雪的晚上，

sūn kāng jiù chū qù dú shū xué xí tā kè kǔ dú shū
孙康就出去读书学习。他刻苦读书，

hòu lái chéng le yǒu míng de xué zhě
后来成了有名的学者。

学习要有上进心

　　古人说："少壮不努力，老大徒伤悲"。我们学习要有上进心，不能安于现状，要为梦想积极进取、奋斗拼搏、力争上游。孙康出身贫寒家庭，没有好的求学条件，但他凭借自己的毅力，坚持不懈地学习，最终取得了不菲的成绩。我们现在拥有良好的学习环境和优越的生活条件，更应该珍惜时间和机会，保持上进心，努力学习，用知识充实自己，这样才能创造辉煌的未来。

图书在版编目（CIP）数据

学习其实很快乐 / 金弦主编. -- 北京：知识出版社，2018.3

（快乐小学生校园成长记）

ISBN 978-7-5015-9696-6

Ⅰ. ①学… Ⅱ. ①金… Ⅲ. ①阅读课— 小学— 课外读物 Ⅳ. ①G624.233

中国版本图书馆CIP数据核字(2018)第049445号

快乐小学生校园成长记　学习其实很快乐　金　弦 主编

出 版 人	姜钦云
责任编辑	万　卉　邢树荣
装帧设计	罗俊南　刘嘉盛
出版发行	知识出版社
地　　址	北京市西城区阜成门北大街17号
邮　　编	100037
电　　话	010-88390659
印　　刷	保定市铭泰达印刷有限公司
开　　本	880mm×1230mm　1/32
印　　张	3.5
字　　数	70千字
版　　次	2018年3月第1版
印　　次	2019年7月第14次印刷
书　　号	ISBN 978-7-5015-9696-6
定　　价	20.00元